A L'ASSAUT DE LA FRANCE

L'amour de la Patrie n'est pas naturel au citoyen venu du dehors.　　(BOSSUET)

Les naturalisés sont des indésirables qui ne peuvent dépouiller leur origine. (Victor HUGO)

Les Métèques

à la

Bourse de Paris

A propos du naturalisé austro-boche Oskar Lustgarten nommé, en pleine guerre, directeur de la Banque de l'Union Parisienne.

PRIX NET

0 fr. 75

FRANCO

0 fr. 90

BIBLIOTHÈQUE FINANCIÈRE
24, Rue Feydeau — PARIS (2°)

1918

Le texte de cette brochure

est extrait du chapitre III de l'ouvrage

L'Évasion Économique

Comment y a collaboré

La Banque de l'Union Parisienne

Etude Économique et Financière

par J. E. FAVRE

❧

Tout acheteur de cette brochure qui la présentera ou l'enverra, en bon état, à la

BIBLIOTHÈQUE FINANCIÈRE
— 24, Rue Feydeau, PARIS (2ᵉ) —

obtiendra une réduction de 0.75 sur le prix du volume complet l'Évasion Économique qui coûte 4 fr., franco 4.30.

La table détaillée des 12 Chapitres de l'ouvrage complet et l'index alphabétique des noms se trouvent à la fin de cette brochure.

L'amour de la Patrie n'est pas naturel au citoyen venu du dehors.   (BOSSUET)

⚜

AVONS-NOUS DONC BESOIN D'ALLER EN ALLE-MAGNE OU EN AUTRICHE CHERCHER LES DIRECTEURS DE NOS BANQUES ET DE NOS INDUSTRIES ?

Comment qualifier l'acte des administrateurs de la *Banque de l'Union Parisienne*, nommant, en pleine guerre, un métèque austro-boche directeur d'une banque française ? Est-ce du cynisme, du défi, de la débilité sénile, de la provocation, de l'aberration, de l'erreur maladive ? On se perd en conjectures.

Messieurs Lucien Villars, Frédéric Mallet, Alfred Bonzon, Max Boucard, Georges Heine, Maurice Hottinguer, Jean Jadot, Louis Lion, Théodore Morin, André de Neuflize, Philippe Vernes, tous administrateurs de la *Banque de l'Union Parisienne*, nous vous interpellons nommément, par vos noms et prénoms, ensemble et individuellement ; nous vous posons directement cette question précise :

Auriez-vous l'insolente audace de soutenir qu'il ne se trouve plus en France un homme de notre race assez intelligent, assez capable, assez probe pour occuper l'emploi lucratif que vous avez octroyé à l'intrus austro-boche Oskar Lustgarten ?

Vous n'êtes assurément ni des imbéciles ni des criminels ; alors à quel sentiment, à quel mobile, avez-vous obéi en infligeant à des Français la domination de cet indésirable dont les parents, les amis, les compatriotes se battent contre nos soldats ?

Nous ne voyons d'autre explication à votre inconcevable attitude qu'un aveulissement dégradant et honteux auquel vous êtes insensiblement tombés.

Vous avez commis là une variété de trahison morale ; **c'est une sorte d'antipatriotisme abominable** dont vous devrez compte à nos poilus,

Autre question. L'article 8 de la loi militaire du 7 avril 1913 (modifiant l'article 12 de la loi du 21 mars 1905) prévoit que jusqu'à l'âge de 50 ans au plus tard, les naturalisés suivent le sort de la classe avec laquelle ils ont été incorporés (la première formée après leur changement de nationalité). Comment se fait-il qu'en 1914, votre Oskar Lustgarten, obligatoirement mobilisable, ne soit pas parti aux armées en même temps que les soldats de la classe 1895 ?

Votre réponse à cette question ? Permettez-nous de la faire en vos lieu et place :

C'est parce que votre exotique judéo-boche n'est qu'un Français de contrebande. Il ne s'est fait naturaliser que pour la commodité de ses petites combinaisons. Ce lâche n'a renié sa première patrie que pour mieux exploiter sa patrie d'adoption. Il ne s'est fait naturaliser qu'à 31 ans pour échapper au service militaire français. Au fait, où a-t-il accompli son service militaire, votre naturalisé à la Delbruck ? Et où ont servi, en 1914-1918, les parents, les frères de votre Oskar ? Répondez, Monsieur Villars et vous tous, messieurs les administrateurs de la B. U. P. !

⚬⟋⚬

UN PARADOXAL DÉFI. — ROBESPIERRE NOUS METTAIT DÉJA EN GARDE CONTRE LES ÉTRANGERS. — LES AUTRICHIENS BÉNÉFI-CIENT DE LA LOI DELBRUCK TOUT COMME LES PRUSSIENS.

L'Allemand et l'Autrichien naturalisés français conservent tous les droits et restent soumis à toutes les obligations de leurs compatriotes. C'est un paradoxal défi au bon sens que d'assimiler ces individus aux gens de notre race, d'admettre qu'un étranger, par simple requête officielle, puisse obtenir notre mentalité, notre tempérament, s'assimiler notre esprit national, fasse siennes enfin notre histoire, nos traditions, nos vertus, nos aspirations.

« Je me méfie indistinctement de tous ces étrangers dont le visage est couvert du masque du patriotisme et qui s'efforcent de paraître plus républicains et plus énergiques que nous. Ce sont ces « ardents patriotes » qui sont les plus perfides instruments de nos maux. Ce sont eux qui sèment la discorde. »

Savez-vous, messieurs les huguenots de la rue Chauchat, de qui est cette déclaration ? Elle est de Robespierre, un de nos grands ancêtres, célèbre conventionnel, dont vous seriez seuls à méconnaître la grandeur d'âme et le souffle patriotique, affranchis d'idées rétrogrades ou d'esprit réactionnaire.

Oui, ce fut un véritable crime contre la patrie que d'ouvrir nos portes aux fourriers de l'invasion. Ce serait désormais une impardonnable trahison que de leur laisser la liberté d'action lorsque la maison est attaquée ou reste menacée.

Les yeux les plus obstinément bouchés se sont ouverts depuis que sont connues les stipulations de la loi Delbruck. Qui peut encore croire à la loyauté et à l'efficacité de la naturalisation, depuis qu'il est pertinent qu'un Allemand peut emprunter une nationalité étrangère sans perdre sa nationalité propre ?

Cette législation n'était qu'une mesure de préparation à la guerre, la création en pays ennemi d'une armée auxiliaire ayant pour mission de prendre nos lignes à revers par l'espionnage et l'offensive morale.

Ce qu'on sait moins, peut-être, c'est que l'Autrichien est exactement dans le même cas. Le fait nous a été révélé par un certificat délivré au banquier Marguliès ,certificat dont voici la traduction certifiée fidèle par l'Institution polyglotte de Zurich :

CERTIFICAT

« En vertu d'un document du Commissaire i. et r. d'Autriche-Hongrie auprès du Gouvernement général de l'Empire d'Allemagne en Belgique, pièce marquée z. i. 2.097, qui nous est présentée. datée de Bruxelles le 6 janvier 1915, le nommé Berthold Moritz Marguliès, banquier y mentionné, né en 1870, ressortissant de Brody, est citoyen Autrichien.

« D'après le paragraphe 28 du Code civil autrichien, les enfants d'un citoyen autrichien ont qualité de citoyen de cet Etat de par leur naissance, sans qu'il soit tenu compte du lieu de naissance.

« *Par la naturalisation en pays étranger, la nationalité d'Autrichien ne se perd pas aussi longtemps que la personne n'a pas été formellement déliée de sa qualité d'Autrichien.*

« Zurich, le 12 juillet 1916.

« Le Consul-général i. et r
MAURIG.

Est-ce assez précis ? La démonstration n'est-elle pas irréfutable que ce ne sont plus seulement le sens commun et les lois ataviques qui mettent en évidence la fictivité des changements de nationalité, mais c'est la lettre impérieuse du Code austro-boche qui frappe de nullité l'adoption d'une nationalité étrangère.

⚘

UNE LETTRE A M. LUCIEN VILLARS, PRÉSIDENT DU CONSEIL D'ADMINISTRATION DE LA BANQUE DE L'UNION PARISIENNE.

Le 4 février 1918, nous vous avons adressé, M. Lucien Villars, la lettre suivante qui conserve toute sa valeur documentaire :

Monsieur, Vous avez certainement entendu parler des bombardements dont viennent d'être victimes Paris et sa banlieue. Les commentaires de toute la presse sur ces actes de barbarie ne vous ont pas échappé. Ces massacres sont l'œuvre de la Kultur allemande.

Or, vous possédez, dans votre administration même, un authentique échantillon de cette kultur teutonne, en la personne de l'insolent austro-boche Oskar Lustgarten que votre patriotisme vous a fait nommer, en 1916, directeur de la Banque de l'Union Parisienne, en remplacement d'un Français décédé, M. Derua.

Ne commettez pas la sotte impudence de brandir triomphalement le décret de naturalisation de votre judéo-boche : vous accumuleriez le ridicule, l'odieux et l'hypocrisie. Un Boche est Boche et reste toujours Boche. (Le mot Boche désigne toute la clique des empires centraux). Pour tout dire, votre Lustgarten, qui a renié sa première Patrie, pour la commodité de ses « bedides avaires », est suspect et méprisable au superlatif.

Vous, Monsieur Villars, et tout votre Conseil, vous avez assumé une lourde responsabilité en confiant à ce métèque un poste revenant de droit à un Français de France.

Soyez bien persuadé que votre austro-boche Lustgarten se réjouit intérieurement des malheurs de notre pays et des massacres d'innocentes victimes.

Comment pouvez-vous, monsieur, supporter le spectacle de ces femmes françaises assassinées, de ces berceaux ensanglantés, de ces malades achevés, de cet amas de chairs pantelantes et déchiquetées, en même temps que la présence dans votre maison de ce lugubre indésirable, à face bestiale, dont les parents, les amis, les compatriotes mitraillent les nôtres sur le front italien et se préparent à une grande offensive sur notre territoire ?

Ne redoutez-vous pas de recueillir une part légitime de la haine, du dégoût, du mépris, de l'horreur et de la réprobation universelle dont sont, à juste titre, l'objet tous les infâmes barbares des empires centraux ?

⚜

COMMENT ON ÉCRIT L'HISTOIRE A LA BANQUE DE L'UNION PARISIENNE.

Vous avez, MM. les Administrateurs de la *Banque de l'Union Parisienne*, fait afficher à tous les guichets de votre banque cette proclamation :

« Alliés, n'oubliez jamais ce que les Allemands ont fait à la France, à la Belgique, à la Serbie et à la Roumanie.

« Ils ont pillé, incendié, violé, assassiné.

« Qu'une haine éternelle soit le châtiment de leurs crimes et que le souvenir des relations que nous avons pu avoir avant la guerre avec cette nation de bandits soit à tout jamais effacé de notre mémoire sans laisser de traces ! ! »

Cette comédie de mauvais goût ne vous garantira pas contre la réprobation publique ; elle ne fera que souligner davantage votre pitoyable attitude, cyniques tartufes, vous M. Villars et vos collègues du Conseil d'Administration ! Vous ne faites allusion qu'aux barbaries allemandes, vous passez sous silence les atrocités autrichiennes pour ne pas déplaire à votre directeur, l'indésirable viennois Oskar Lustgarten.

Vous commettez une petite forfaiture contre la conscience et contre la vérité, en proclamant que les Allemands ont pillé et assassiné la Serbie ; ce sont les Autrichiens qui ont commis tous les forfaits imaginables contre le petit peuple serbe !

Non, messieurs les Administrateurs de la *Banque de l'Union*

Parisienne, nous n'oublions pas que les troupes allemandes ont massacré par milliers les non-combattants, foulé aux pieds les conventions internationales, souillé les femmes et les jeunes filles incapables de se défendre, pillé les édifices publics et dévalisé les propriétés privées, incendié sans nécessité villes et villages, détruit les merveilleux monuments du passé, déterré les cadavres dans les cimetières pour voler les bijoux, saccagé les usines et transporté notre outillage de l'autre côté du Rhin, coupé les arbres fruitiers, empoisonné les sources et les puits, violé monstrueusement le droit des gens, achevé les malades et les blessés, tiré sur les hôpitaux, déporté et réduit à l'esclavage nos populations du nord de la France.

Nous n'oublions rien de toutes ces horreurs ; nous n'oublierons jamais que le Boche est un assassin, un tortionnaire, un détrousseur ignoble, un malfaiteur de bas étage, un homme de proie barbare et bestial, mais le Boche le plus infâme, le plus dangereux, est le Boche naturalisé, dont un échantillon, l'intrus Oskar Lustgarten, est embusqué derrière les guichets de la *Banque de l'Union Parisienne*.

⚜

LES ATROCITÉS COMMISES PAR LES AUTRICHIENS, KOMPATRIOTES D'OSKAR LUSTGARTEN, DIRECTEUR DE LA "BANQUE DE L'UNION PARISIENNE ". — TÉMOIGNAGES ÉCRASANTS CONTRE LES BOURREAUX DES SERBES ET DES TCHÈQUES.

Surtout, Messieurs les administrateurs de la *Banque de l'Union Parisienne*, nous n'oublierons pas non plus que les Autrichiens, les compatriotes, les amis et parents de votre Oskar Lustgarten, ne furent pas moins odieux et impitoyables que leurs alliés les Prussiens.

Non, ne venez pas invoquer, en faveur des Austro-Hongrois, nous ne savons quelles fausses excuses, quelles hypocrites circonstances atténuantes.

Non, il ne faut pas oublier que l'Autriche a commis en Serbie les atrocités les plus effroyables, qu'elle a fusillé, emprisonné, massacré Tchèques, Slovènes, Ruthènes, Bessarabiens du sud.

Les mercenaires austro-boches ont fidèlement suivi les instructions de leurs bons alliés prussiens. En leur honneur, relevons les détails suivants.

Le président du Conseil, ministre des Affaires étrangères de Serbie, a adressé au ministre d'Espagne en Roumanie, le télégramme suivant :

« Le haut commandement austro-hongrois a donné à ses troupes des instructions leur enjoignant de brûler les récoltes, d'incendier les villages, de tuer et de pendre les populations paisibles.

« Pendant leur retraite sur la Drina, les troupes austro-hongroises ont commis des cruautés sans exemple. Nos troupes rencontrent sur le chemin un grand nombre de victimes de ces cruautés tuées et défigurées, surtout des vieillards, des femmes et des enfants.

« Ces horribles cruautés révoltent nos soldats à tel point qu'il sera difficile de retenir l'explosion des sentiments de vengeance et de représailles.

« En portant ce qui précède à la connaissance de Votre Excellence, j'ai l'honneur de la prier de vouloir bien notifier au gouvernement austro-hongrois qu'aux yeux du gouvernement royal, ces faits constituent une violation flagrante des lois de la guerre et qu'en conséquence le gouvernement royal se verra contraint de prendre toutes les mesures de représailles compatibles avec le droit des gens ».

L'envoyé spécial du *Journal* écrit, le 23 août 1914, ces quelques lignes émouvantes et terribles :

« Des détails terrifiants nous arrivent sur les massacres que les Autrichiens ont commis à Prague pour étouffer la révolte des régiments tchèques qui, on le sait, ont catégoriquement refusé de combattre contre la Russie. Les soldats autrichiens se sont comportés comme des barbares, pénétrant dans les magasins dont les enseignes étaient écrites en langue tchèque et assassinant hommes, femmes et enfants indistinctement. Les ruisseaux des rues coulèrent rouges de sang pendant plusieurs jours. Ce furent bien entendu les Tchèques les plus notables de la ville qui payèrent de leur vie l'insurrection. Et parmi les victimes se trouvent le docteur Kramarcz, l'écrivain célèbre dont les livres ont été traduits en plusieurs langues, et qui était considéré comme le leader du parti des Jeunes-Tchèques. »

« On le savait l'ami personnel du comte Bobrinsky, président du comité russe des panslavistes.

« Les Autrichiens ont également fusillé le professeur Masaryk, qui occupait à l'Université de Prague la chaire d'économie politique et dont les livres font autorité dans l'Europe entière. Enfin, Klofatch, l'homme politique le plus influent de la Bohême, considéré par le gouvernement de Vienne comme un agitateur dangereux, a été également massacré par la soldatesque autrichienne, qui a ainsi commis trois crimes que ne leur pardonneront jamais les Slaves ».

Les Autrichiens, bourreaux des Serbes et des Tchèques, ont commis des atrocités telles que la réalité des faits paraît impuissante devant toute leur horreur.

Le correspondant du *Journal* poursuit en ces termes :

« Si je n'avais pas vu moi-même les méfaits des Autrichiens, si je n'avais pas photographié leurs victimes, je me serais refusé à croire à la réalité de crimes qui égalent, dépassent même les atrocités albanaises et bulgares.

« Au village de Grouchitch, vingt paysans ont été égorgés, plusieurs ont les yeux crevés. J'ai dit ce que j'ai constaté à Maovi. J'ai photographié une pauvre femme du village de Dobritch. Elle tenait son enfant de cinq mois dans ses bras quand les Autrichiens en retraite repassèrent le village. Un soldat, crevant un carreau de la fenêtre avec la crosse, tira un coup de fusil à bout portant. La balle, brisant le poignet de la mère, traversa le bébé de part en part et sortit en trouant la main gauche de la pauvre femme. Avec elle, j'ai photographié une fillette de six ans mourante.

« Une belle fille du village, Gornia Vranska, a été transpercée d'un coup de baïonnette au bas-ventre. J'ai vu aussi une vieille femme dont le crâne avait été brisé à coups de crosse.

« Mais je m'arrête. Je ne parle même pas des viols, des actes de sadisme épouvantables, perpétrés par des officiers et des soldats. Ces exemples, que j'ai constatés moi-même suffisent. Je frémis en pensant à toutes les monstruosités criminelles que nous aurons à constater après le départ définitif de cette armée pourtant civilisée.

« Et cependant les blessés autrichiens dans les ambulances,

côte à côte avec les Serbes, sont soignés comme les blessés serbes ; les prisonniers sont traités en hommes. La Serbie, une fois de plus, panse ses profondes blessures, proteste contre les horreurs de l'ennemi, mais ne se venge pas sur les soldats désarmés ».

⚜

Nous pourrions remplir 1.200 pages de ce volume pour relater l'ensemble des atrocités austro-boches. Terminons par cette note du 28 août 1914, émanant du quartier général serbe :

« Nisch, 25 août.

« Les ravages et les cruautés des Autrichiens dans la Matchva, la plus belle et la plus fertile partie de la Serbie, prennent des proportions stupéfiantes.

« A Aloznitza et à Lechnitza, les Autrichiens ont fusillé des enfants de dix ans ; la première de ces villes est complètement détruite. On a trouvé dans les rues dix-neuf paysans enchaînés et fusillés. Le village de Prgnavor et plusieurs autres villages autour de Chabatz ont été incendiés après que tout ce qu'ils contenaient eut été emporté par les Autrichiens.

« A Chabatz, les Autrichiens ont massacré tous les soldats serbes qui se trouvaient entre leurs mains ».

Après la lecture de ces effroyables détails, tout commentaire paraîtra superflu. Et vous-mêmes, Messieurs les administrateurs de la *Banque de l'Union Parisienne*, vous n'en demandez sans doute pas davantage sur les gentillesses des kompatriotes de votre Oskar.

Assurément, Messieurs les administrateurs de la *Banque de l'Union Parisienne*, vous avez eu quelque parent, fils, frère ou neveu, ou quelque ami, tué à la guerre. N'êtes-vous pas indigné à la pensée que le cher disparu est tombé sous les coups de fusil d'un parent, d'un kompatriote, d'un allié de votre répugnant Oskar Lustgarten qui a lâchement renié sa première patrie ? Vous avez un cœur endurci d'hommes d'affaires, c'est entendu, mais enfin il vous reste bien quelque noble sentiment. Vous n'avez pas abdiqué toute dignité morale. Réfléchissez donc à cette pénible situation.

LE NATURALISÉ AUSTRO-BOCHE RESTE UN DANGER PERMANENT POUR LA FRANCE. — CE QU'EN DIT M. LE LIEUTENANT MORNET, COMMISSAIRE DU GOUVERNEMENT. — CE QU'EN ÉCRIT M. LEREDU, DÉPUTÉ. — HORS DES FRONTIÈRES TOUS LES OSKAR LUSTGARTEN QUI OCCUPENT LA PLACE ET MANGENT LE PAIN DES FRANÇAIS DE FRANCE!

La lecture des journaux français, comme celle des journaux neutres, d'avril 1918, a fait éclater et a consacré la mentalité autrichienne qui est celle du mensonge. Et ici le mensonge n'est pas le fait d'un homme, mais le fait de tout un système. L'Autriche est condamnée au mensonge par toute son évolution historique. Ecoutez tomber la sentence des lèvres de Friedrich Adler, le fils de Victor Adler, le chef socialiste autrichien, quand, après avoir tué le comte Stürgh, il dut expliquer son acte devant le tribunal : « Déjà, dans mon enfance, il m'a apparu que le plus grand de tous les péchés, l'impardonnable péché, le péché contre l'esprit, est le grand péché de l'Autriche. Nous vivons dans un Etat où tout homme à convictions est un objet de ridicule, où il a toujours été admis que nul ne doit jamais agir selon sa conscience. C'est l'Etat de Metternich l'Etat qui a détruit la liberté de la parole, afin de donner à la population des sentiments d'esclave. Pareille absence de toute conviction, pareil manque de tout principe m'ont inspiré la haine la plus profonde non pas seulement à l'égard de l'Autriche en tant qu'Etat, mais à l'égard de l'Autriche en tant que formation immorale, à l'égard de l'Autriche, esprit de mensonge ».

Barbares, félons, traîtres et menteurs, tels sont les qualités essentielles des Autrichiens. Il suffira, répétons-le, aux générations à venir de se reporter aux journaux des 12-15 avril 1918, pour avoir le plus éclatant témoignage des mensonges autrichiens. Et quel menteur ! l'empereur d'Autriche lui-même, Charles Ier, reniant effrontément sa signature, cherchant à falsifier le texte d'une lettre autographe — oui, écrite de sa malpropre main — à son beau-frère, le prince Sixte de Bourbon, communiquée par celui-ci, le 31 mars 1917, à M. Poincaré, président de la République française.

Et savez-vous comment se tira de l'aventure l'empereur autrichien et menteur ? Par cette brutale sortie : « Ce sont mes canons qui répondront désormais aux Alliés sur le front Occidental ».

Que vous le vouliez ou non, Messieurs les Administrateurs de la *Banque de l'Union Parisienne*, les Autrichiens et les Allemands naturalisés restent des Autrichiens et des Allemands de cœur et de sentiments ; ils conservent les mœurs et les procédés allemands et, grâce à la loi Delbruck, ils restent légalement sujets des empires centraux. Votre Oskar fait mieux pour affirmer hautement ses attaches à son pays d'origine : il porte à la fois le nom d'une promenade viennoise et les favoris à la François-Joseph, l'immonde gâteux empereur et roi qui a déchaîné le sanglant conflit en août 1914.

Ecoutez les déclarations du baron boche de Richthofen, faites au Reichstag, au moment de la discussion de la fameuse loi Delbruck : « Nous sommes heureux de constater que le projet permette aux Allemands qui, pour des motifs d'ordre économique, sont obligés d'acquérir une nationalité étrangère, de conserver la nationalité d'empire ». Et il se réjouit à la pensée que, grâce à cette faculté, les Allemands pourront « faire des affaires à la Bourse de Londres ». L'aveu est cynique, il est à retenir.

Votre indésirable, lui, est venu faire des affaires à la Bourse de Paris, et ne nous dites pas que la loi Delbruck ne vise que les Prussiens, car Prussiens et Autrichiens ne font qu'un ; ils sont alliés et combattent la France avec le même acharnement.

Ne l'oubliez pas, et, nous vous le répétons, Monsieur Villars, l'Austro-Boche le plus dangereux est l'Austro-Boche naturalisé. Croyez-le, votre Lustgarten a été guidé par bien des mobiles en demandant sa naturalisation, mais sa sympathie pour la France comptait pour rien et son intérêt comptait pour tout. Votre Oskar, ne le perdez pas de vue, s'est affranchi des obligations militaires pour obtenir ainsi, sans payer à la France l'impôt du sang, tous les avantages attachés à la qualité de citoyen français.

⚜

Encore une question :

Supposez que l'un ou plusieurs de vous, Messieurs les Administrateurs de la *Banque de l'Union Parisienne*, ayiez adopté, vers l'âge de 30 à 40 ans, la nationalité allemande ou autrichienne, par suite d'une circonstance quelconque. Votre cœur de Français aurait-il pu oublier la France et ne pas saigner devant les épreuves et les deuils de la Patrie ? La voix du sang n'eût-elle pas dominé chez vous le tumulte de la bataille ? Assurément oui.

Eh ! bien, votre Oskar naturalisé a conservé les mêmes sentiments pour sa patrie autrichienne, pour sa ville natale — et c'est fort naturel. Il ne peut que se réjouir des revers français et des succès de nos ennemis. Si lui ou vous prétendiez le contraire, vous vous ravaleriez au niveau le plus abject, le plus répugnant, d'effrontés menteurs, menteurs comme un Autrichien.

Nous affirmons donc que le naturalisé austro-boche constitue pour la France un perpétuel danger ; il reste toujours en relations avec ses compatriotes fixés au pays natal, et comme le Boche espionne aussi facilement qu'il respire, la conclusion s'impose : il est toujours plus ou moins dangereux. C'est une question de dosage.

Nous connaissons l'antienne : « Celui-là, c'est un brave homme, c'est un bon type ». C'est sans doute sous cet aspect papelard que vous voudriez nous faire admettre votre métèque.

Non, non, Messieurs, il n'y a pas de « bons types » austroboches ; ils se valent tous, c'est-à-dire que le meilleur ne vaut pas grand'chose.

Vous auriez peut-être encore l'inconscience de nous faire valoir que votre fils d'Autriche n'a pas commis les atrocités que nous reprochons à ses compatriotes. N'ayez pas la naïveté de croire qu'à la place des kamarades il aurait pu être moins ignoble et moins barbare. L'occasion lui a manqué de coiffer le casque à pointe et de faire le pas de l'oie, le 2 août 1914. Voilà tout.

·

❧

La terrible guerre de 1914 aura fait perdre à bien des Français leurs dangereuses illusions sur les naturalisés ; beaucoup ont compris qu'un acte, même sur papier timbré, ne fait pas d'un étranger un compatriote, ne dote pas un intrus d'une ascendance, d'une mentalité et d'aspirations françaises. Seuls, vous, administrateurs de la *Banque de l'Union Parisienne*, n'avez pas encore vu les écailles vous tomber des yeux. Et pourtant, que d'exemples et de justes raisons n'avez-vous pas pour vous montrer plus clairvoyants !

Voyez nos bons alliés les Anglais. Malgré leur répugnance connue à se mettre en garde contre l'infiltration étrangère, ils sont entrés en lice contre la fiction de la naturalisation, ainsi qu'en témoigne cette dépêche de Londres enregistrée en son temps par les journaux :

« Au milieu de manifestations enthousiastes, la Chambre de commerce de Londres, réunie spécialement à cet effet, a voté l'exclusion définitive des Austro-Allemands dans les termes suivants : « La Chambre de commerce de Londres invite tous ses membres « allemands ou autrichiens, naturalisés ou non, à démissionner. « A l'avenir, la qualité de membre de la Chambre de commerce de « Londres ne sera exclusivement accordée qu'aux citoyens anglais « de naissance, aux citoyens des nations alliées et aux neutres ». Mille membres environ étaient présents, sous la présidence de lord Desborough ».

Ecoutez, Messieurs Villars et vous tous ses collègues, en quels termes s'exprimait M. le lieutenant Mornet, Commissaire du gouvernement, à propos du métèque juif Rappaport, poursuivi pour propos défaitistes, en mai 1918 :

« Vous l'avez entendu faire l'apologie des idées internationalistes. Pendant cinq quarts d'heures, il a parlé. Pas une minute, alors que le sort de la France, de notre mère, se joue, il n'a parlé d'elle. Alors que nous sommes angoissés, alors que nous nous demandons anxieux si la France vivra encore demain, cet homme, qui se dit plus Français que les témoins, vit sa dangereuse chimère. Comment entendre de pareilles choses sans éprouver un grand écœurement, une nausée de dégoût ?

« Et c'est ça qui, il n'y a pas très longtemps, jouissait d'une réelle influence chez nous ! C'est ça qui menait certains groupements et certaines associations !

« Cet homme n'est pas de chez nous, il n'a pas nos sentiments, il n'a pas notre mentalité.

« Cet expulsé d'Allemagne, ce naturalisé d'hier a la prétention de nous apprendre à penser en Français... »

« C'est ça » aussi que vous, administrateurs de la *Banque de l'Union Parisienne*, vous installez rue Chauchat, en la personne de votre lascar Oskar, car votre Lustgarten était le protecteur d'une bochesse nommée Méliot, accidentellement française par acte de mariage. Sachez que le gouvernement de la Défense nationale fit éloigner cette Badoise de Paris, en 1914, et la plaça sous surveillance administrative. Grâce à nos énergiques protestations, cette étrangère fut rayée de l'*Association de la Presse économique et financière* où elle avait eu l'audace de se faufiler.

⁂

Commentant le réquisitoire du lieutenant Mornet, M. Jean Drault s'écriait, dans la *Libre Parole :*

«... Hélas ! C'est ça qui, en encourageant les Bolchevicks, les Juifs allemands de Russie payés par la Prusse, a contribué à jeter sur nos soldats un million de Boches libérés par la défection du front russe.

« C'est ça qui collabore aux nouveaux *Bonnets Rouges*.

« C'est ça, enfin, qui empuantit, déshonore et trahit la France, en s'introduisant chez nous avec la pince-monseigneur de la naturalisation.

« C'est ça qui attendait l'invasion allemande en France pour vider les armoires, nous assassiner dans le dos et mettre le feu à la maison.

« Et c'est de ça qu'il faut que nous nous débarrassions à tout prix pour que notre pays puisse enfin jouir en paix d'une victoire qu'il aura chèrement payée.

« Car il n'y aura pas de vraie victoire si elle ne réalise notre formule : « La France aux Français ! »

« Et les Rappaport... ailleurs ! »

Et les Lustgarten aussi.

⁂

M. Leredu, député, dans son rapport sur les « faux Français », adressé à la Commission de législation, porte cette appréciation sur nos bons métèques :

« La situation des étrangers naturalisés n'a cessé à juste titre de préoccuper le gouvernement...

« Certains n'étaient entrés dans la famille française que pour la mieux trahir. Tout au moins, en sollicitant la qualité de Français, ils n'avaient obéi qu'à des sentiments de convenances personnelles ou d'intérêt mais restant dans l'âme attachés à leur pays d'origine, ils ont montré et montrent par leur attitude, leurs propos, les manifestations de leur activité qu'ils n'ont pour leur nouvelle patrie que des sentiments d'hostilité.

« L'intérêt général exige que soit alors répudiée la faveur qui leur avait été librement consentie et que soient extirpés du sol national, pour raisons d'indignité, ceux qui, n'y ayant pas pris racine, ne cessent d'y constituer un péril ».

⚬

Ces envahisseurs répugnants et sournois que sont les naturalisés constituent encore un autre danger : c'est qu'après la guerre ils feront venir à Paris, en France, leurs parents, amis et compatriotes d'Outre-Rhin pour préparer la nouvelle guerre.

Croyez-vous, Monsieur Villars, qu'à leur retour, nos poilus toléreront qu'un Lustgarten occupe effrontément un poste lucratif, pendant que des Français, capables et instruits, des mutilés et des anciens combattants, chercheront en vain un emploi ou en seront réduits à des occupations subalternes ? Admettez-vous que ceux qui auront subi la guerre totale et barbare, telle que la font les compatriotes de votre Oskar Lustgarten, laisseront à celui-ci le privilège de manger notre pain, du temps que les orphelins et les victimes du grand cataclysme seront privés du nécessaire ?

Dépouillez une minute votre mentalité d'homme d'affaires et de financier, placez-vous en face de votre cœur et de votre devoir de Français, et dites-nous le verdict et le sentiment qui surgiront de votre conscience.

Après la guerre, des sociétés, des ligues de poilus se créeront pour défendre leur place, leurs intérêts et le pain de leurs enfants, contre la vermine du monde, contre l'austro-boche dont le plus hideux et le plus dégoûtant est le naturalisé. Nos compatriotes, prisonniers civils et militaires, n'oublieront pas les atrocités et la férocité boches. Ils s'opposeront à une nouvelle invasion de la Bochie dans notre commerce, dans notre industrie, dans nos banques. Représailles morales et économiques indispensables au salut de la patrie, nécessaires à la sauvegarde des intérêts supérieurs de la France. Oseriez-vous soutenir que ces Français auront tort de se garantir contre la clique infecte vomie par la Bochie ?

En vain, essayerez-vous de roucouler la romance démodée d'une Bochie assagie, vertueuse et poétique ; la Bochie ne sera que petite et plate par calcul. Elle s'efforcera de prendre bon air ou peu s'en faut ; elle paraîtra civilisée, elle arborera des dehors honorables, mais sa nature ne sera point changée, elle restera sauvage et ne démordra rien de ses rudes frénésies. Pour le malheur de l'Europe et le trouble du monde, elle restera la barbarie continue, irréfléchie, farouche. Vous aurez beau nous dire que la science l'a touchée ; la science n'est pas la civilisation, elle n'est pas nécessairement civilisatrice. La Bochie a utilisé la science comme un instrument de barbarie. Voilà le fait.

Hors de nos frontières tous les Oskar Lutsgarten, fussent-ils directeurs d'une Banque se disant d'Union Parisienne. Hors des frontières, tous ces intrus qui prennent la place et mangent le pain des Français de France !

J. E. FAVRE, Publiciste,

Administrateur-délégué
du *Bon Sens Financier,*
24, rue Feydeau, Paris (2·)

Les Beaumes, été 1918.

Table des Matières de l'Ouvrage
L'Évasion Économique

Comment y a collaboré
La Banque de l'Union Parisienne

Étude Économique et Financière
par J. E. FAVRE, Publiciste.

tions des administrateurs de la Banque de l'Union Parisienne. — De regrettables collaborations avec des financiers d'outre-Rhin.

CHAPITRE III. — Encore la question des naturalisés — A propos du métèque austro-boche Oskar Lustgarten, nommé, en pleine guerre, directeur de la Banque de l'Union Parisienne, où il usurpe la place d'un Français de France. — A quel mobile ont obéi les administrateurs de cette banque en nommant un indésirable directeur d'une banque française? — Un austro-boche reste toujours austro-boche: certificat et attestation du Consul d'Autriche-Hongrie à Zurich (12 juillet 1916). — Une tartuferie des administrateurs de la Banque de l'Union Parisiene qui osent imprimer que les Allemands ont pillé la Serbie, alors que ce sont les Austro-Hongrois qui l'ont odieusement martyrisée. — Une lettre à M. Villars, à l'occasion des bombardements de Paris. — Récits des atrocités autrichiennes. — Les Autrichiens et leur empereur sont des menteurs. — Hors de nos frontières les Français de Kamelote !

CHAPITRE IV. — Une digression nécessaire. — A propos des huguenots, de Luther et du piétisme boche. — Quelques points d'histoire oubliés ou falsifiés à propos de la Saint Barthélemy. — Michel Servet brûlé vif par Calvin en 1553, vingt ans avant la Saint Barthélemy. — Laurent Tailhade dépeint Luther orgueilleux, goinfre et ordurier. — Citation d'un remarquable article de M. Jean Herbette sur le luthérianisme et la barbarie allemande. — Quelques lignes de M. Goudeau sur la révolte de Luther. — Les pasteurs boches luthériens justifient pieusement les pires excès des soldats du Kaiser. — Un article de M. Henri Joly, de l'institut, sur les fourberies astucieuses de Luther. — Les protestants et les religieux catholiques exilés. — Conclusion à tirer de cette digression, apparemment étrangère au fond de l'ouvrage.

CHAPITRE V. — Obnubilation professionnelle à l'état aigu et au degré le plus élevé chez les dirigeants de la Banque de l'Union Parisienne. — Laconisme et obscurité des bilans et rapports, ceux de 1917 pris comme dernier exemple. — Une série de questions, logiques et naturelles, raisons pour lesquelles les interpellés ne consentiront jamais à répondre. — Examen de chaque poste du bilan. — La pudeur et la modestie patriotiques du groupe Villars-Mirabaud-Vernes et autres leur interdisent de faire figurer dans le bilan de 1917 de la Banque de l'Union Parisienne pour quelle somme ils ont souscrit aux Bons de la Défense Nationale.

CHAPITRE VI. — Comment sont étudiées les affaires lancées par les banques d'affaires. — Promoteurs et émetteurs sont trop souvent dénués de solides qualités techniques et professionnelles. — L'ingénieur-conseil d'une banque est rarement doué de l'impartialité nécessaire. — L'apporteur est un compère de la banque. — Il est fréquemment entraîné à soudoyer l'ingénieur-conseil, qui part déjà avec l'idée préconçue de ne pas déplaire au groupe financier qui le délègue et le paie. — Le service des études financières des grandes banques ctudie toutes les affaires, sauf celles lancées par leur propre banque. — L'état-major de l'ingénieur-conseil en contact direct avec administrateurs et apporteurs, a seul le privilège d'étudier les affaires selon les ordres formels ou les secrets désirs des intéressés.

CHAPITRE VII. Les lamentables Chemins de fer dont les titres ont été placés par les soins de la Banque de l'Union Parisienne. — 225 millions de francs en actions et obligations du Chemin de fer de la Province de Buenos-Ayres ! — Quand le placement est terminé, la Société entre en liquidation. — Le service des coupons des obligations est suspendu depuis avril 1914. — Les actions n'ont jamais touché un centime de dividente. — Tous ces titres sont invendables et n'ont plus de valeur marchande. — Les potentats de la banque émettrice ont encouru une lourde responsabilité. — Quelques détails sur cette scandaleuse opération. — 295.000 obligations 4 % des Chemins de fer nationaux du Mexique placées à 462,50 et poussées à 508 fr., les cours tombent au-dessous de 200 fr. et les coupons sont suspendus. — 170.000 obligations 5 % du Chemin de fer Saint-Louis-San-Francisco sont poussées au pair de 500 fr. ; 50.000 obligations 4 1/2 de la même Compagnie sont émises à 475, poussées à 483 ; les coupons sont suspendus et la Compagnie placée sous sequestre aux États-Unis. Les cours de ces obligations tombent jusqu'à 50 fr.

CHAPITRE VIII. — Le martyrologe des banques mexicaines. — 360.000 actions de 250 fr. de la Banque Centrale Mexicaine, créée avec le concours de la Deutsche Bank, sont poussées jusqu'à 520 fr.; ce cours tombe ensuite au-dessous de 100 fr. — 30.000 actions de la Banque de Guanajuato de 250 fr. sont poussées au-dessus de 400 fr. et tombent ensuite au-dessous de 60 fr. — 30.000 actions de 250 fr. de la Banque de Mexico sont placées à 305 fr. et s'effondrent plus tard aux environs du néant. — Au total, avec ces seuls chiffons de papier, les Lucien Vilars, les Neuflize, les Mirabaud, les Hottinguer, les Heine et leurs collègues de la Banque de l'Union Parisienne, ont infligé une saignée de plus de 120 millions de francs aux bas de laine français.

CHAPITRE IX. — Un chapitre spécial à l'un des placements les plus désastreux effectués par la Banque de l'Union Parisienne : celui des actions de la Banque d'Athènes. — 600.000 actions de 100 fr. sont placées de 1906 à 1911 entre 120 et 145 fr. — Les cours s'effritent jusqu'à 50 fr. — Les actionnaires sont sevrés de toute répartition. Tant du fait de la baisse du titre que de la réduction du capital en 1913, les actionnaires français ont essuyé une perte de près de 50 millions qu'ils ne récupéreront jamais entièrement.

CHAPITRE X. — Autre collection de banques plus pitoyables les unes que les autres. — 40.000 actions de 500 fr. de la Banque Nationale d'Haïti sont placés à 640 fr. ; plus de dividende depuis 1913, plus de cours depuis longtemps. — 20.000 parts de la même banque sont placées à 175 fr. et sont invendables. — 150.000 actions de 200 roubles ou 530 fr. de la Banque de l'Union de Moscou sont placées à plus de 850 fr. ; par la suite, le titre est offert à 300 francs et n'est plus côté. — 450.000 obligations de la Banque hypothécaire franco-argentine, placées en moyenne à 480 fr., tombent à 400 et 375 fr. — 280.000 actions de la Banque française du Rio de la Plata, placées entre 700 et 880 fr., tombent au-dessous de 150 fr. et la banque est obligée de recourir à un concordat. — Elles sont trop ! — La Caisse Générale de Prêts fonciers et industriels n'est pas brillante ; la Société financière franco-américaine est morte. De Profundis !

CHAPITRE XI. — Une étrange macédoine de papiers variés et avariés patronnés par la Banque de l'Union Parisienne. — 200.00 actions de 100 fr. de la Société financière de Caoutchoucs sont émises à 125 fr., poussées à 445 fr.; ce cours recule jusqu'à 70 fr. pour reprendre vers 150 fr. — 500.000 actions de 25 fr. de l'Eastern International Rubber sont placées à 75 fr. et ce cours, poussé à 103 fr., s'effrite au-dessous du pair. — 210.000 actions de 25 fr. de la Kuala Lumpur sont placées entre 185 et 192 fr et fléchissent jusqu'à 90 fr. 65.000 actions de 100 fr. des Caoutchoucs de Padang sont placées à 200 fr., les cours tombent à 65 fr. Dans le conseil de l'Astra-Romana, dirigé par un espion boche, des administrateurs de la Banque de l'Union Parisienne fraternisent avec des financiers austro-boche. — 125.000 obligations de 500 fr., du Port de Para sont placées entre 457 et 466 fr., leur cours tombe au-dessous de 40 fr.; les coupons ne sont plus payés. — 54.000 actions de 250 fr. de l'Association Minière sont poussées jusqu'à 330 fr.et reculent au-dessous de 200 fr. — 1.774.000 actions de 25 fr. de la General Mining and Finance Corporation, placées à divers prix allant jusqu'à 98 fr., tombent au-desous de 10 fr. ! Aucun dividente depuis 1911. Cette affaire est administrée en partie par les Boches et elle à un siège à Berlin. — 80.000 parts des Raisins de Corinthe sont placées au prix moyen de 170 fr., les cours s'effritent entre 13 et 40 ; plus de 10 millions de pertes. — 30.000 actions de 200 fr. de la Providence Russe, conduites jusqu'à 480 fr., tombent à 250.

CHAPITRE XII. — Les dirigeants de la Banque de l'Union Parisienne abusent du droit d'erreur. — De Charybde en Scylla. — Deux tableaux fort suggestifs de leurs châteaux de cartes.— Triste éloquence des chiffres, ou les émetteurs des banques mexicaines passent du gai au triste. — La Compagnie Parisienne de l'air comprimé et l'Austro-Boche Victor Popp avec les Prussiens Oppenhein.— Les deplorables méthodes se continuent avec la Société des Abattoirs et Entreprises Frigoriques. — La Banque de l'Union Parisienne ne joue qu'un rôle parasitaire. — La réorganisation bancaire qui s'impose. — L'avis de M. Klotz, ministre des Finances. — Une conférence de M. Macaigne, avocat, sur notre politique financière d'après-guerre. — La question coloniale. — Le discours de M. Henry Simon, ministre des Colonies. — Il faut exploiter et développer notre empire colonial au lieu de ravitailler d'argent un Mexique à finances avariées. — De la solution de ces questions dépend la solution de la question sociale qui intéresse avant tout des milliers d'employés ou d'ouvriers. — Danger social des financiers mégalomanes comme ceux de la Banque de l'Union Parisienne — Ces agents d'affaires prélèvent une dîme écrasante sur la fortune nationale au moyen de tantièmes et de jetons de présence. C'est un danger public, un outrage pour la démocratie que ce monopole de fait. — Légistes et sociologues, c'est un devoir d'y songer. Vous le devez pour soulager nos mutilés, les veuves, les orphelins de nos morts au Champ d'honneur, vous le devez pour nous faire une France plus belle, plus humaine, plus glorieuse que jamais.

INDEX ALPHABÉTIQUE

des noms cités dans l'ouvrage

" L'Évasion Économique "

Denis (Ernest).
Derrua (E.).
Desborough (Lord).
Déterling (H.-W.).
Dissard (H.).
Donnesmark (Von).
Dufourg Lagelouse.
Dupont (C.).
Drault (Jean).
Dreux (E.).
Drumond (Edouard).

E

Erzberger.
Eugenidi (E.).

F

Farquhar.
Fauquet (Alfred).
Féray (G.).
Féray (Jacques).
Fischer (H.).
Flandin (Etienne).
Facquet (Arnould).
Fountis (S.).
Fournel-Rigolleau.
François-Joseph.
Frondeville (Jules-Fred. de)
Frymann (Daniel).

G

Gain (René).
Gaudeau.
Gazier (Lieutenant).
Germiny (Georges de).
Girod (Pierre).
Gœthe.
Godé (E.).
Gordon-Macdonald.
Gouin (Georges).
Grandjean (G.).

Griet (M.).
Grün.
Guise (Duc de).
Gunzburg (G.).
Guttmann (Eugen).

H

Hagen (L.).
Hedde.
Heine (Georges).
Heine (Wolfgang).
Hentsch (Ernest).
Herbette (Jean).
Heyat Kersten und sohne.
Hoffmann (Général Von).
Hohenlohe (Von).
Hottinguer (François).
Hottinger (Georges).
Hottinguer (Jean).
Hottinguer (Maurice).
Hottinguer (Rodolphe).

I

Irovitzky.
Iselin (Adrian).

J

Jadot (Jean).
Jameson (Robert).
Jauréguiberry.
Jay.
Jigalkovsky.
Joly (Henri).
Jorba (Paul).

K

Kant.
Kauffmann (Eugen).
Klofatch.
Kollossovsky.
Krupp.

L

Laclau (N.).
Ladoux (Capitaine).
Lagos (Julio).
Lalobbe (A. de).
Lane (F.).
Langen (W.).
Lapisse (J. de).
La Salle.
Lascaris (M.).
Legru (Hector).
Leredu, député.
Leroy-Beaulieu.
Lestapis (Ch. de).
Lévy (Raphaël-Georges).
Lienart (Pierre).
Lion (Louis).
Lockroy.
Loudon (J.-H).
Luther.
Lustgarten (Oskar).
Lyautey (Général).

M

Macaigne (André).
Mallet (A.).
Mallet (E.).
Mallet (Frédéric).
Mallet (R.).
Maray (M.).
Marguliès.
Masaryk.
Maurig.
Méliot (Femme).
Menjinsky.
Metternich.
Michel-Servet.
Minovici (St.).
Mirabaud (Gustave).
Mironescu (C.).

Molle, député.
Monnier (Louis).
Monod.
Morin (Théodore).
Mornet (Lieutenant).
Muret (Maurice).

N

Neuflize (André de).
Neymarck (A.).
Nicolaïdes (C.).
Nietzsche.
Norman Brice Ream.

O

Odier (Emile).
Omberg (Octave).
Oppenheim (Albert).
Oppenheim (Salomon).
Orban (Léon).
Otamendi (Romulo).

P

Pascal.
Passicot.
Paquier (J.)
Pearson.
Philouze.
Poincaré (R.)
Poirson (Charles).
Poliakoff (A.)
Poliakoff (J.)
Politis (J.)
Popoff.
Popp (Victor).
Pradère (C. M.)
Protopopoff.
Prumaner (Dominique).
Py (II.)

R

Reverseaux (Marquis de)
Ribot (Alex.)
Robespierre.
Roddier (J.)
Rodocanachi (Em.)
Rœchling (H.)
Rœlvink (A.)
Romer.
Rosenberg (Oskar).
Rouher.
Rouperty.
Roussel (Félix).
Ruplinger.

S

Santa-Marina (E.)
Sainte-Beuve.
Saïta (I. G.)
Salomonsohn (Arth.)
Schwerin-Lawitz (Von)
Samuel (S.)
Schneider et Cie.
Servet (Michel).
Simon (Henry).
Soubéran.
Soulignac (A.)
Speyer (James).
Spitzer (Arth.)
Staël (Mme de)
Subrel (James).

T

Tailhade (Laurent).
Tatistscheff (Comte)
Terrell (Georges).
Thierry (Amédée).
Tremblez
Trincaud La Tour (de).
Turrettini.

U

Ullmann (Emil).

V

Van Aalst (C. J. K.)
Venencie (P.)
Vergnet (Paul).
Vernes (A.)
Vernes (E.)
Vernes (Félix).
Vernes (Philippe).
Verryn-Stuart (M.)
Villars (Jean-François).
Villars (Lucien).
Villars (René).

W

Werhung (Ch.)
Weyer.
Wolff (F. K.)

Z

Zatifi (L.)

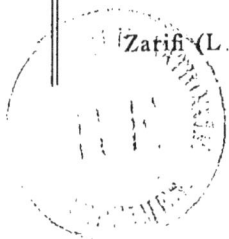

Imprimerie spéciale de la **Bibliothèque Financière**, 24, rue Feydeau, Paris (2·)

www.ingramcontent.com/pod-product-compliance
Lightning Source LLC
Chambersburg PA
CBHW070714210326
41520CB00016B/4338